Impressum
Verlag: BABADADA GmbH, Nedderfeld 112 , 22529 Hamburg
Geschäftsführer / Verlagsleitung: Harald Hof
Druck: Books on Demand GmbH, In de Tarpen 42, 22848 Norderstedt

Imprint
Publisher: BABADADA GmbH, Nedderfeld 112 , 22529 Hamburg, Germany
Managing Director / Publishing direction: Harald Hof
Print: Books on Demand GmbH, In de Tarpen 42, 22848 Norderstedt, Germany

lekòl

школа

salklas
классная комната

divize
делить

186/2

planch
доска

lakou lekòl la
школьный двор

pwofesè
учитель

papye
бумага

ekri
писать

plim
ручка

biwo
письменный стол

règ
линейка

liv
книга

elèv
ученик

ti valiz

ранец

bwat kreyon

пенал

kreyon

карандаш

tay Kreyon

точилка

kaoutchou

ластик

kanè desen

альбом для рисования

desen

рисунок

penso

кисточка

bwat penti

коробка красок

sizo

ножницы

lakòl

клей

liv egzèsis

тетрадь

devwa

домашняя работа

nimewo

цифра

adisyone

прибавлять

soustrè

вычитать

miltipliye

умножать

kalkile

считать

lèt

буква

alfabè

алфавит

mo

слово

tèks

текст

li

читать

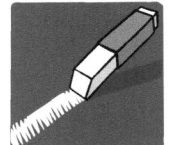

lakrè

мел

leson

урок

kaye nòt

классный журнал

egzamen

экзамен

sètifika

диплом

inifòm lekòl la

школьная форма

edikasyon

образование

ansiklopedi

энциклопедия

inivèsite

университет

mikwoskòp

микроскоп

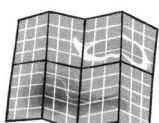

kat jeyografik

карта

poubèl papye

корзина для бумаг

vwayaj
путешествие

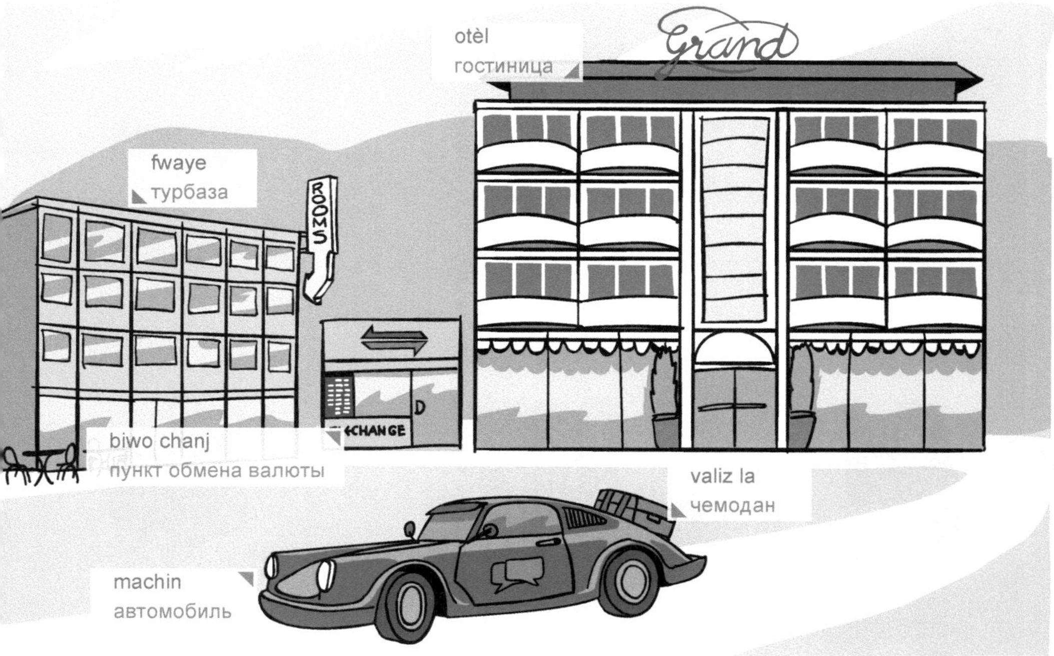
otèl
гостиница
fwaye
турбаза
ROOMS
CHANGE
biwo chanj
пункт обмена валюты
valiz la
чемодан
machin
автомобиль

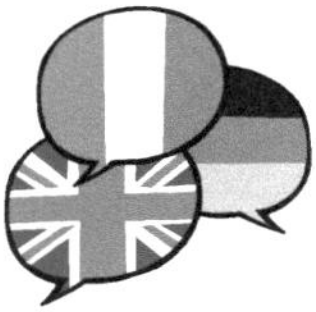

lang
....
язык

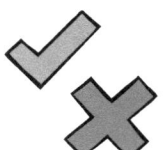

wi / non
....
да / нет

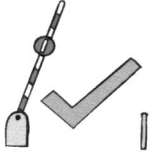

Ok
....
хорошо

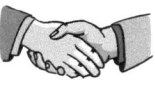

bonjou
....
Привет

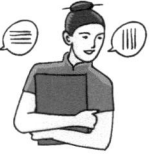

tradiktè
....
переводчик

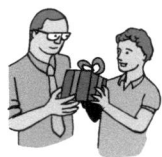

Mèsi
....
Спасибо

konbyen sa koute ...?

Сколько стоит...?

Mwen pa konprann

Я не понимаю

pwoblèm

проблема

Bonswa!

Добрый вечер!

Bonjou!

Доброе утро!

Bòn nwi!

Доброй ночи!

orevwa

До свидания

direksyon

направление

bagaj

багаж

valiz

сумка

valiz pou do

рюкзак

envite

гость

chanm

комната

sak pou dòmi

спальный мешок

tant

палатка

enfòmasyon pou touris

туристическая информация

plaj

пляж

kat kredi

кредитная карточка

manje maten

завтрак

dejene

обед

dine

ужин

Tikè a

билет

asansè

лифт

temb

почтовая марка

fwontyè a

граница

la dwàn

таможня

anbasad

посольство

viza

виза

paspò

паспорт

transpò

транспорт

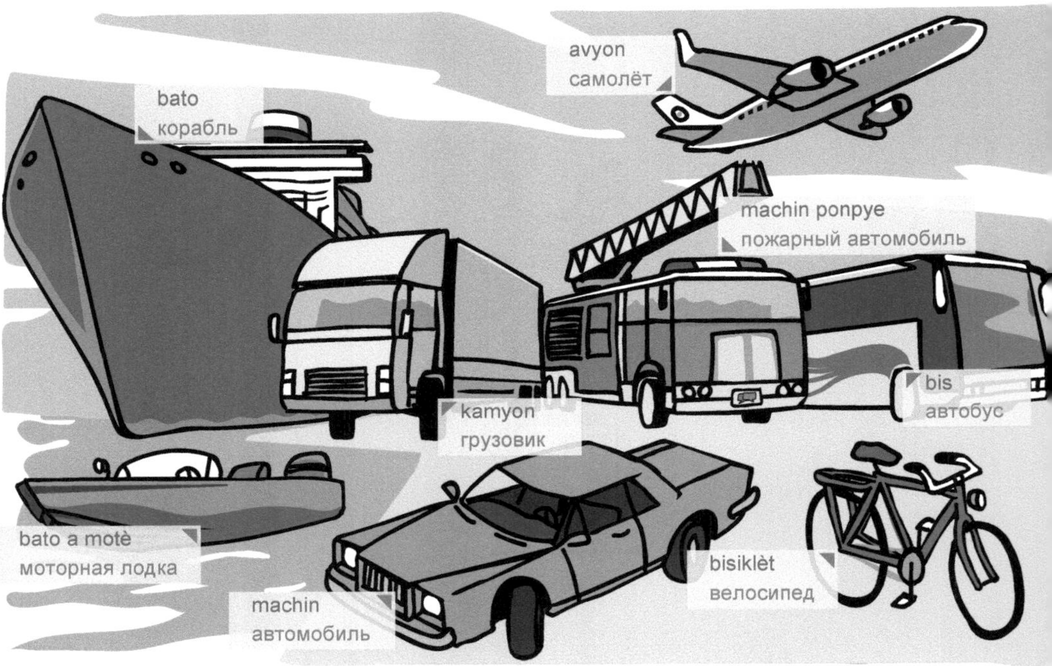
avyon
самолёт
bato
корабль
machin ponpye
пожарный автомобиль
kamyon
грузовик
bis
автобус
bato a motè
моторная лодка
machin
автомобиль
bisiklèt
велосипед

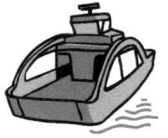

bato

паром

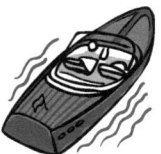

kannòt

лодка

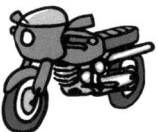

motosiklèt

мотоцикл

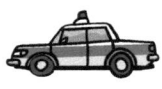

machin polis

полицейский автомобиль

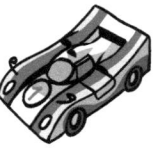

machin kous

гоночный автомобиль

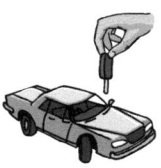

machin lokasyon

арендованный автомобиль

pataj machin

совместное пользование
автомобилями

machin remòke

буксировочный
автомобиль

machin fatra

мусоровоз

motè

двигатель

gaz

топливо

estasyon gaz

заправка

pano endikatè

дорожный знак

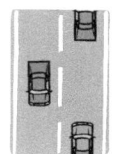

trafik

движение

blokis trafik

пробка

pakin

автостоянка

estasyon tren

вокзал

ray tren

рельсы

tren an

поезд

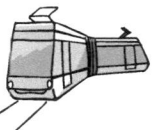

tram

трамвай

wagon

вагон

elikoptè

вертолёт

ayewopò

аэропорт

tou

вышка

pasaje

пассажир

resipyan

контейнер

bwat katon

коробка

charyo

тележка

poubèl

корзина

dekole / ateri

взлетать / приземляться

lavil

город

vilaj

деревня

sant vil la

центр города

kay

дом

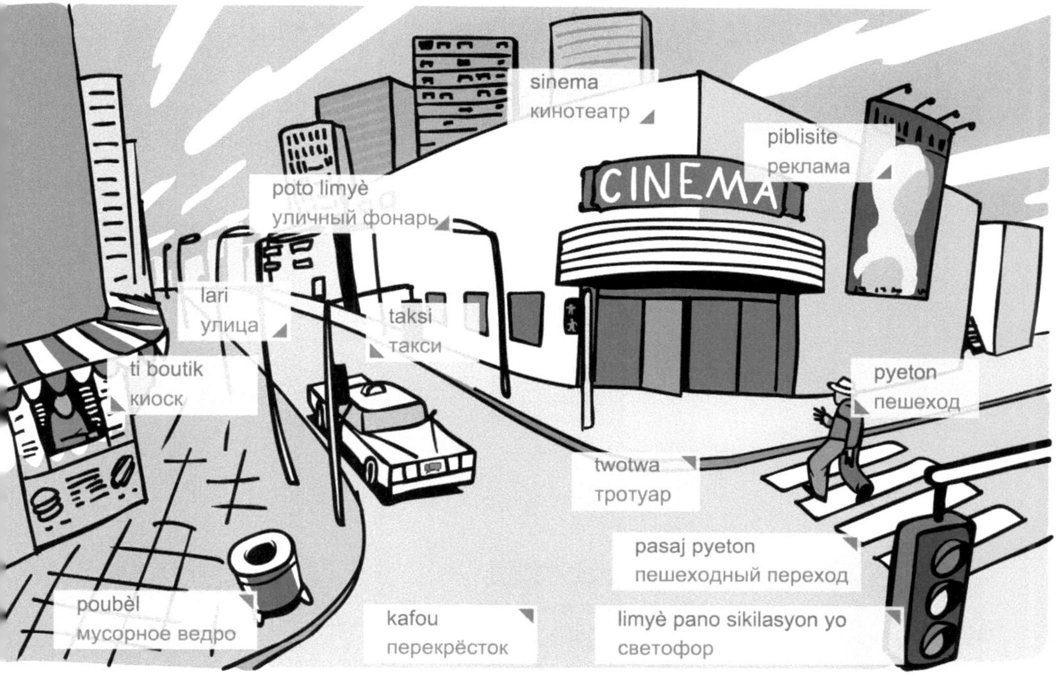

sinema
кинотеатр

piblisite
реклама

poto limyè
уличный фонарь

lari
улица

taksi
такси

ti boutik
киоск

pyeton
пешеход

twotwa
тротуар

pasaj pyeton
пешеходный переход

poubèl
мусорное ведро

kafou
перекрёсток

limyè pano sikilasyon yo
светофор

ajoupa

хижина

apatman

квартира

estasyon tren

вокзал

meri

ратуша

mize

музей

lekòl

школа

lavil - город

inivèsite

университет

bank

банк

lopital

больница

otèl

гостиница

famasi

аптека

biwo

офис

magazen liv

книжный магазин

boutik

магазин

machann flè

цветочный магазин

makèt

супермаркет

mache a

рынок

magazen

универмаг

kote yo vann pwason

торговец рыбой

sant komèsyal yo

торговый центр

pò

порт

pak

парк

bank

скамейка

pon

мост

eskalye

лестница

anba tè

метро

tinèl la

тоннель

stasyon bis

автобусная остановка

ba

бар

restoran

ресторан

bwat postal

почтовый ящик

pano afichaj

табличка с названием
улицы

aparèy pakmèt

паркометр

zoo

зоопарк

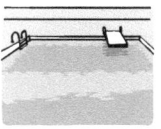

pisin

бассейн

moske

мечеть

fèm agrikòl

ферма

polisyon

загрязнение окружающей среды

simityè

кладбище

legliz

церковь

lakou rekreyasyon

детская площадка

tanp

храм

peyizaj
ландшафт

fèy
лист

pano endikatè
дорожный указатель

chemen
дорога

preri
луг

wòch
камень

pyebwa
дерево

vwayajè
путешественник

rivyè
река

zèb
трава

flè
цветок

lavale

долина

mòn

гора

lak

озеро

forè

лес

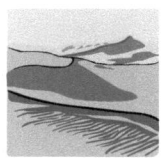

dezè

пустыня

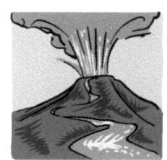

vòlkan

вулкан

chato

замок

lakansyèl

радуга

djondjon

гриб

pye palmis

пальма

moustik

комар

vole

муха

foumi

муравей

gèp

пчела

zaryen

паук

skarabe

жук

krapo

лягушка

ekirèy

белка

lerison an

еж

lapen

заяц

chwèt

сова

zwazo

птица

siy

лебедь

sangliye

кабан

sèf

олень

elan

лось

baraj

плотина

tibin van

ветряной генератор

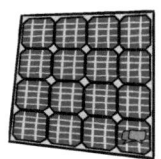

pano solèy

солнечная батарея

klima

климат

restoran
ресторан

sèvè
официант
meni
меню
chèz
стул
soup
суп
pitza
пицца
nap
скатерть
kouvè
столовые приборы

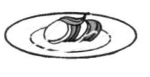

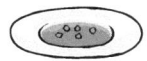

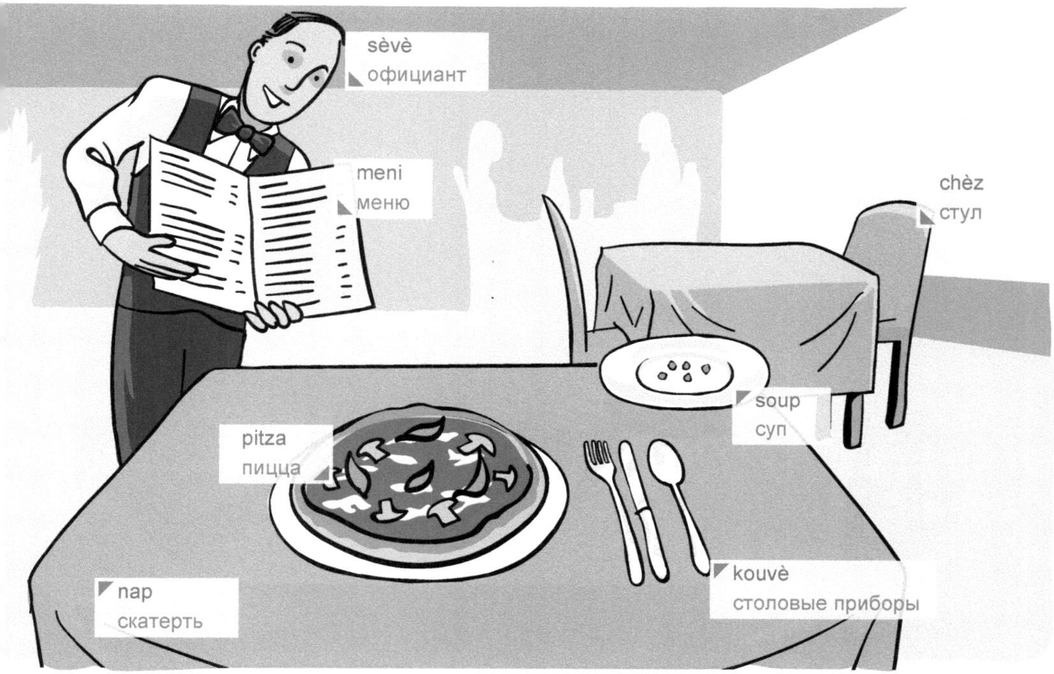

asyèt

закуска

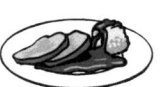

pla prensipal

главное блюдо

desè

десерт

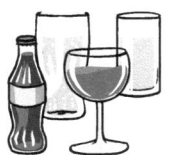

bwason yo

напитки

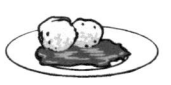

manje

еда

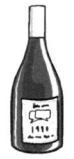

boutèy

бутылка

fast-food

фастфуд

manje nan lari

уличная еда

kafetyè

чайник

bòl sik

сахарница

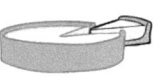

pòsyon

порция

machin ekspreso

кофеварка

chèz wo

детский стульчик

bòdwo

счет

plato

поднос

kouto

нож

fouchèt

вилка

kiyè

ложка

ti kiyè kafe

чайная ложка

sèvyèt pou tab

салфетка

vè

стакан

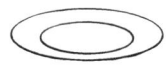

asyèt

тарелка

asyèt pou soup

суповая тарелка

sokoup

блюдце

sòs

соус

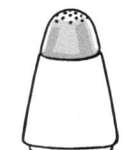

boutèy sèl fen

солонка

moulen pwav

мельница для перца

vinèg

уксус

lwil

масло

epis

специи

sòs tomat

кетчуп

moutad

горчица

mayonèz

майонез

makèt
супермаркет

òf pwomosyonèl
специальное предложение
FOR
kliyan
покупатель
pwodwi letye
молочные продукты
fwi
фрукты
charyo
тележка для покупок

BUTCHERS

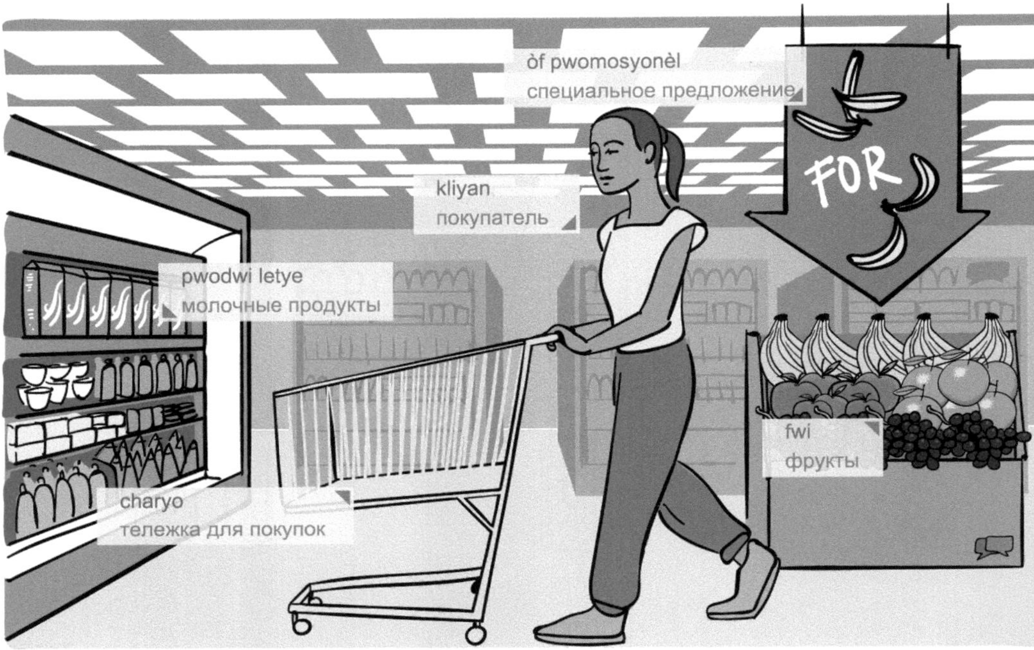

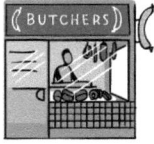

bouche

мясной магазин

BAKERY

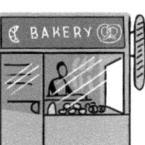

boulanje

пекарня

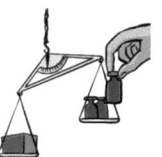

peze

взвешивать

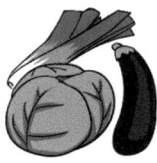

legim yo

овощи

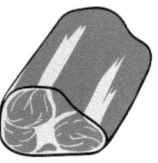

vyann

мясо

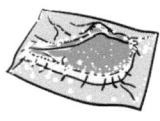

manje nan frizè

быстрозамороженные продукты

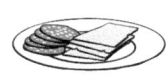

vyann fime

нарезка

bwat konsèv

консервы

savon

стиральный порошок

sirèt yo

сладости

atik nan kay la

предмет домашнего обихода

pwodwi netwayaj

моющее средство

vandè

продавщица

kès

касса

kesye

кассир

lis acha

список покупок

lè fonksyònman

время работы

bous

бумажник

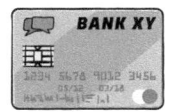

kat kredi

кредитная карточка

sak

сумка

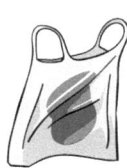

sak plastik la

полиэтиленовый пакет

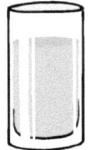

dlo

вода

ji fwi

сок

lèt

молоко

koka

кока-кола

diven

вино

byè

пиво

alkòl

алкоголь

chokola

какао

te

чай

kafe

кофе

ekspreso

эспрессо

cappucino

капучино

bannann

банан

pòm

яблоко

zoranj

апельсин

melon

арбуз

sitwon

лимон

kawòt

морковь

lay

чеснок

banbou

бамбук

zonyon

лук

djondjon

гриб

nwa

орехи

vèmisèl

лапша

espageti

спагетти

diri

рис

salad

салат

pòmdetè fri

картофель фри

pòmdetè fri

жареный картофель

pitza

пицца

anmbègè

гамбургер

sandwich

сэндвич

filè

шницель

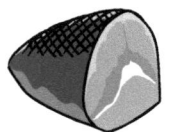

janbon

ветчина

salami

салями

sosis

колбаса

poul

курица

boukannen

жаркое

pwason

рыба

avwàn

овсяные хлопья

muzli la

мюсли

cornflakes

кукурузные хлопья

farin

мука

kwasan

круассан

ti pen

булочка

peny

хлеб

pen griye

тост

biskwit yo

печенье

bè

масло

krèm fwomaj blan

творог

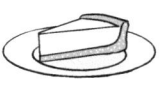

gato

пирог

ze

яйцо

ze fri

яичница

fwomaj

сыр

krèm ala glas

мороженое

sik

сахар

myèl

мёд

konfiti

мармелад

krèm chokola

крем с нугой

curry

карри

fèm agrikòl
ферма

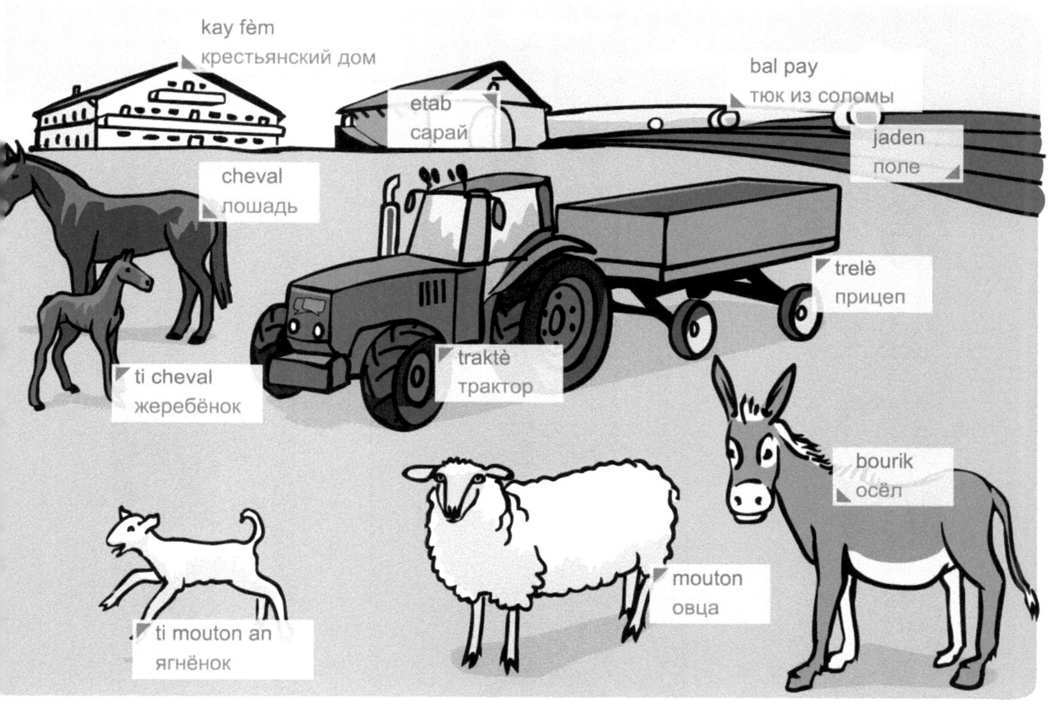
kay fèm
крестьянский дом
bal pay
тюк из соломы
etab
сарай
jaden
поле
cheval
лошадь
trelè
прицеп
traktè
трактор
ti cheval
жеребёнок
bourik
осёл
mouton
овца
ti mouton an
ягнёнок

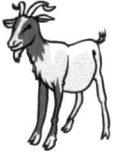

kabrit

козa

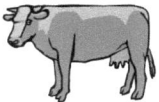

bèf

корова

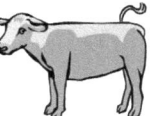

ti bèf la

телёнок

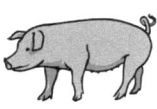

kochon

свинья

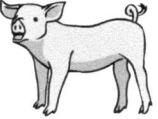

ti kochon

поросёнок

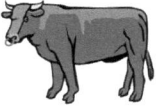

towo bèf

бык

zwa

гусь

kana

утка

ti poul la

цыплёнок

manman poul la

курица

kòk

петух

rat

крыса

chat

кошка

sourit

мышь

bèf

вол

chen

собака

kay chen

конура

tiyo jaden an

садовый шланг

awozwa

лейка

lam fochez

коса

chari

плуг

kouto digo

серп

pikwa

мотыга

fouch

навозные вилы

rach

топор

brouèt

тачка

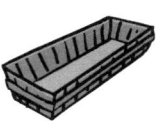

tank

корыто

po pou lèt

бидон для молока

sak

мешок

kloti

забор

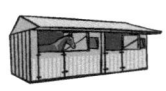

etab

хлев

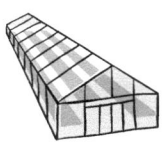

efè rechofman

теплица

tè

почва

grenn

посев

angrè

удобрение

machin agrikòl

комбайн

rekòlte

собирать урожай

rekòt

урожай

yanm

ямс

ble

пшеница

soja

соя

pòmdetè

картофель

mayi

кукуруза

kolza

рапс

pyebwa ki donnen

фруктовое дерево

manyòk

маниок

sereyal yo

злаки

kay

дом

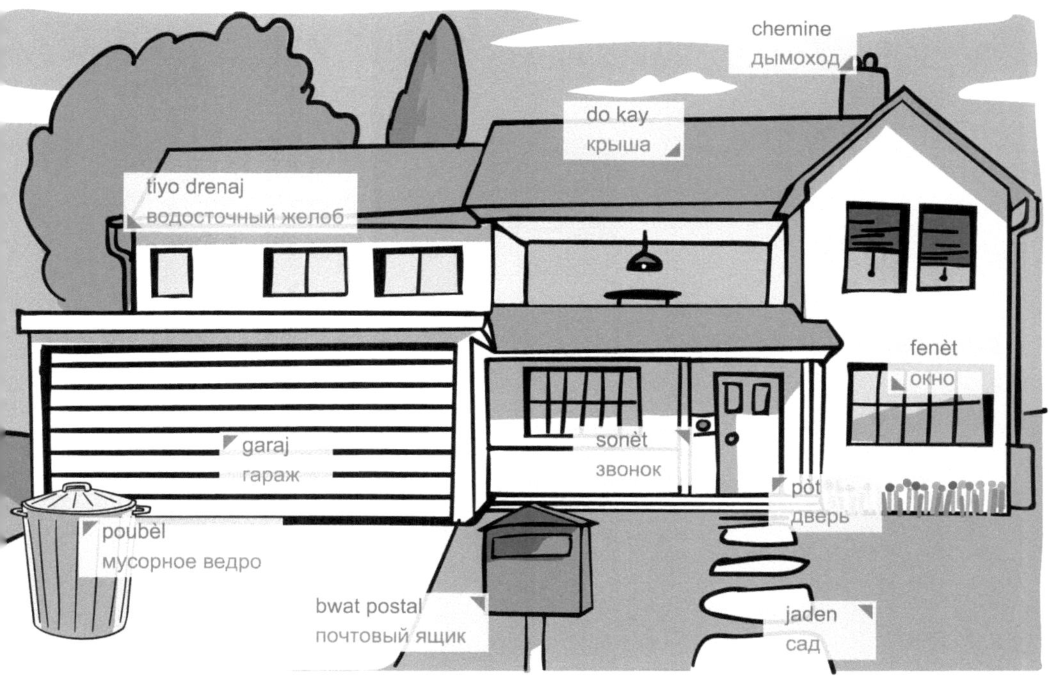

chemine
дымоход
do kay
крыша
tiyo drenaj
водосточный желоб
fenèt
окно
garaj
гараж
sonèt
звонок
pòt
дверь
poubèl
мусорное ведро
bwat postal
почтовый ящик
jaden
сад

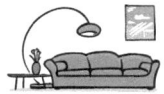

salon

гостиная

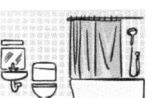

sal de ben

ванная комната

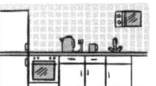

kwizin

кухня

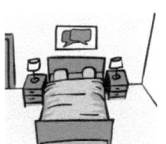

chanm

спальня

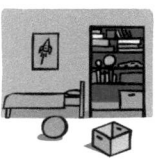

chanm timoun

детская комната

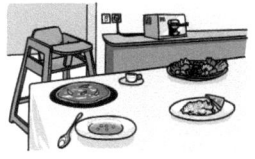

sal a manje

столовая

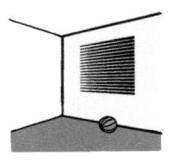

etaj
пол

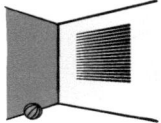

mi
стена

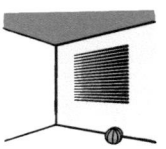

plafon
потолок

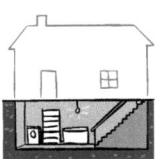

kav
подвал

sona
сауна

balkon
балкон

teras la
терраса

pisin
бассейн

tondèz pou gazon
газонокосилка

fèy
пододеяльник

dra
покрывало

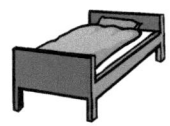

kabann
кровать

bale
метла

bokit
ведро

entèriptè
выключатель

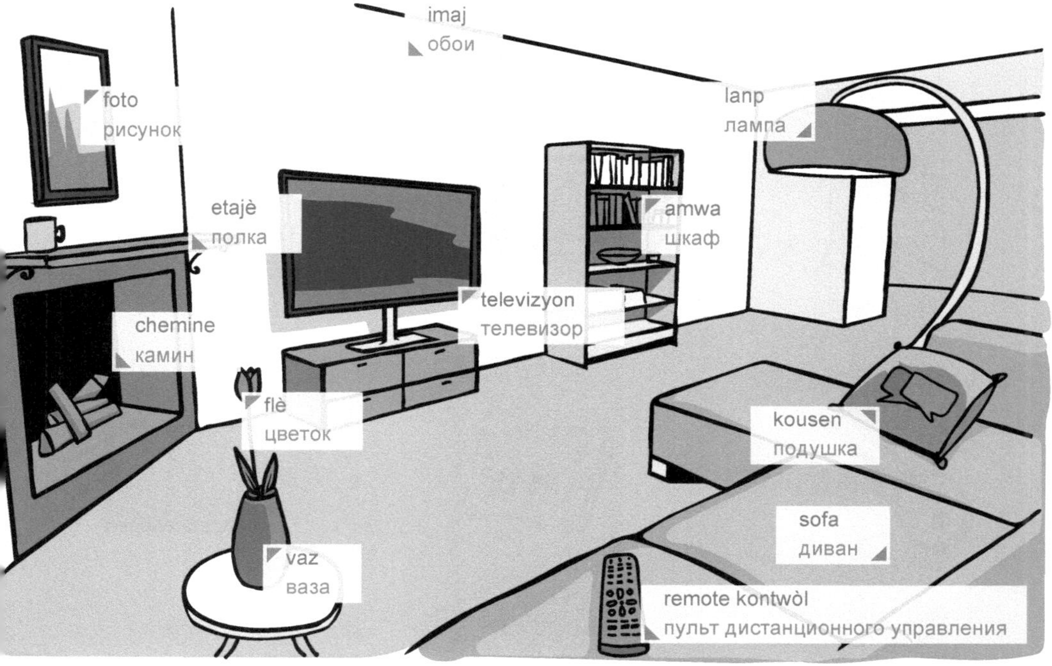

imaj
обои

foto
рисунок

lanp
лампа

etajè
полка

amwa
шкаф

chemine
камин

televizyon
телевизор

flè
цветок

kousen
подушка

sofa
диван

vaz
ваза

remote kontwòl
пульт дистанционного управления

kapèt

ковёр

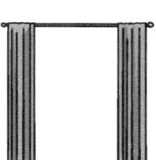

rido

штора

tab

стол

chèz

стул

dodin

кресло-качалка

chèz

кресло

liv

книга

dra

покрывало

dekorasyon

украшение

bwa dife

дрова

fim

фильм

aparèy mizik

стереосистема

kle

ключ

jounal

газета

penti

картина

postè

плакат

radyo

радио

kanè nòt

блокнот

aspiratè

пылесос

kaktis

кактус

balèn

свеча

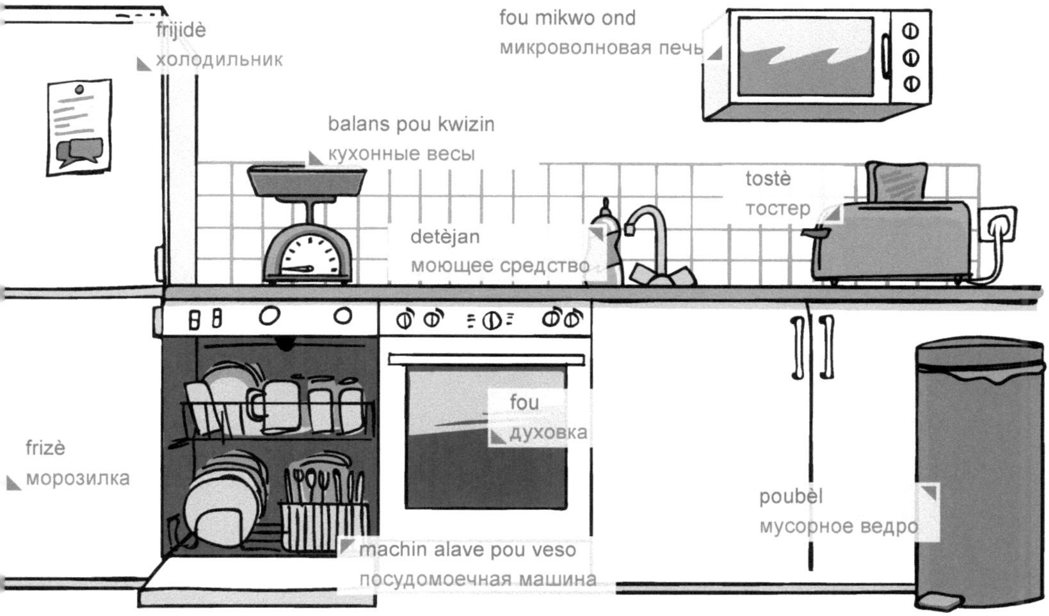

frijidè
холодильник

fou mikwo ond
микроволновая печь

balans pou kwizin
кухонные весы

tostè
тостер

detèjan
моющее средство

fou
духовка

frizè
морозилка

poubèl
мусорное ведро

machin alave pou veso
посудомоечная машина

fou

плита

kaswòl

кастрюля

mamit

чугунный котелок

wok / kadai

вок / кадай

pwelon

сковорода

kafetyè elektrik pou bouyi
dlo

чайник

aparèy kwison a vapè

пароварка

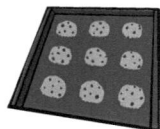

plato fou

противень

istansil

посуда

goblè

кружка

bòl

миска

bagèt

палочки для еды

louch

половник

spatul

лопатка

batez

сбивалка

paswa

сито

paswa

сито

graj

тёрка

mòtye

ступка

babekyou

гриль

dife

костёр

planch kizin

доска

woulo patisri

скалка

tir bouchon

штопор

kanèt

жестяная банка

aparèy pou ouvri kanèt

консервный нож

gan kwizin

прихватка

lavabo

раковина

bwòs

щетка

eponj

губка

blendè

миксер

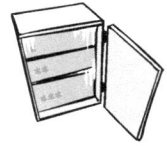

konjelatè

морозильная камера

bibon

бутылочка для кормления

tiyo

кран

sal de ben

ванная комната

chofaj
отопление
sèvyèt
полотенце
douch
душ
rido douch
душевая занавеска
ben mousan
пенистая ванна
benwa
ванна
vè
стакан
machin pou lave
стиральная машина
tiyo
кран
mozayik
плитка
bòl twalèt
горшок
lavabo
раковина

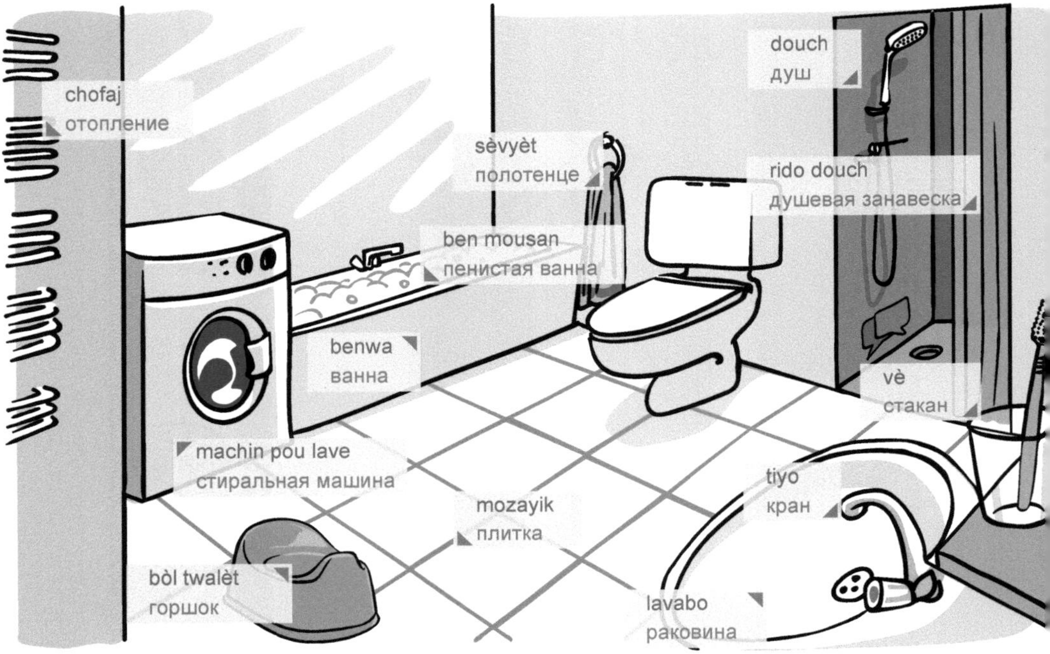

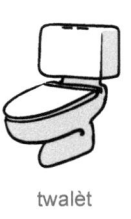

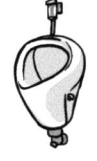

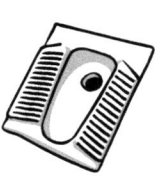

twalèt

туалет

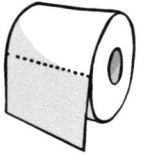

twalèt pou koupi

напольный унитаз

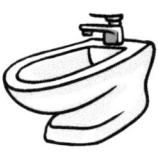

bidet

биде

kote pou pipi

писсуар

papye twalèt

туалетная бумага

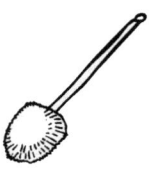

bwòs twalèt

ершик

bwòs dan

зубная щетка

pat dantifris

зубная паста

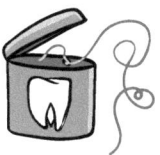

fil dantè

зубная нить

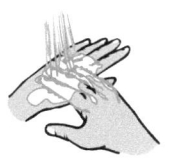

lave

мыть

wobinè douch pou kenbe

ручной душ

twalèt entim

интимный душ

lavabo

таз

bwòs pou do

щетка для спины

savon

мыло

jèl douch

гель для душа

chanpou

шампунь

gan douch

мочалка

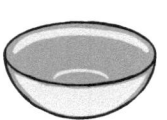

ekoulman

сток

krèm

крем

deyodoran

дезодорант

miwa

зеркало

miwa pòtatif

ручное зеркало

razwa

бритва

losyon mous pou razaj

пена для бритья

losyon aprè razaj

лосьон после бритья

peny

расческа

bwòs

щетка

sechwa

фен

spre pou cheve

лак для волос

makiyaj

косметика

wouj a lèv

губная помада

vèni pou zong

лак для ногтей

boul koton

вата

tay zong

маникюрные ножницы

pafen

духи

twous pou douch

косметичка

bankèt

табуретка

balans

весы

wòb pou chanm

халат

gan kawotchou

резиновые перчатки

tampon

тампон

sèvyèt ijyenik

гигиеническая прокладка

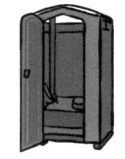

twalèt chimik

биотуалет

chanm timoun
детская комната

revèy alam
будильник
nounous
мягкая игрушка
machin jwèt
игрушечный автомобиль
jwèt tchatcha
погремушка
kay poupe
кукольный домик
kado
подарок

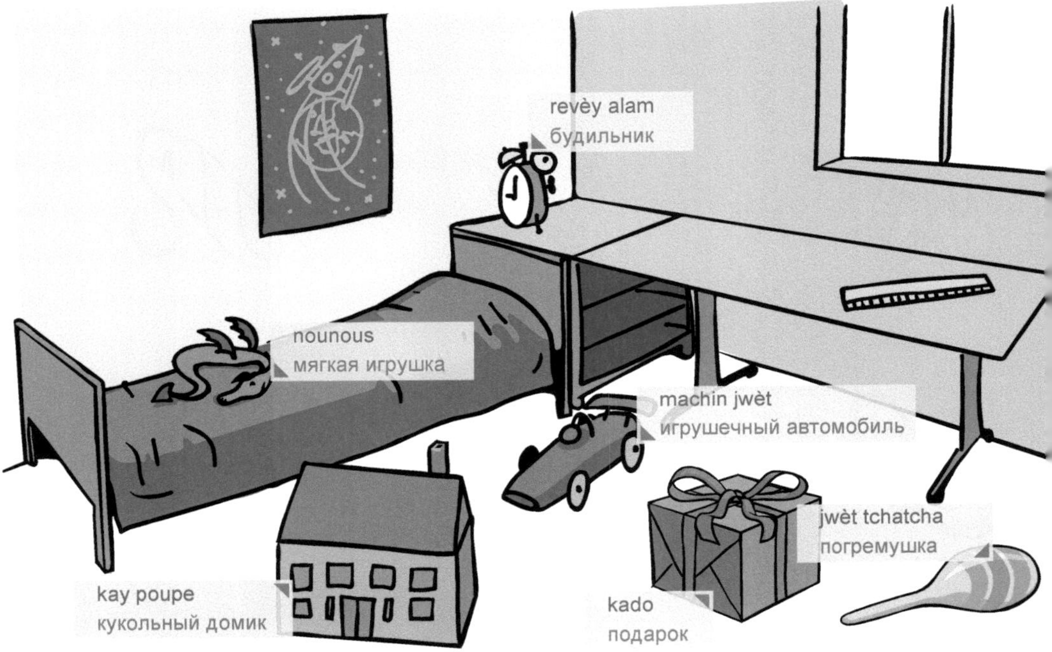

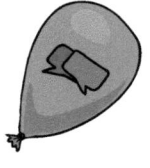

balon

воздушный шар

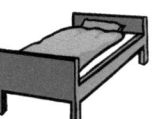

kabann

кровать

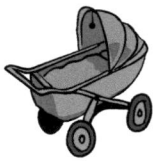

pousèt

детская коляска

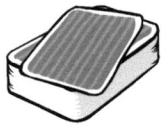

jwèt kat

карточная игра

puzzle

пазл

SUPER MEGA

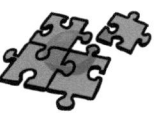

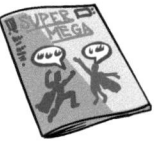

ti komik

комикс

pyès lego

кирпичики Лего

jwèt blòk konstriksyon

кубики

ti tonton jwèt

игрушечная фигурка

rad ti bebe

ползунки

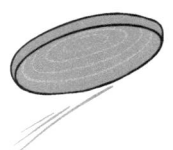

frisbee

фрисби

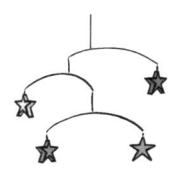

jwèt mobil

мобиле

jwèt sosyete

настольная игра

jwèt de

кубик

jwèt tren

модель железной дороги

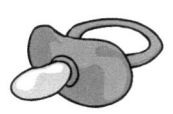

sousèt

соска

fèt

вечеринка

liv ak imaj

книга с картинками

boul

мяч

poupe

кукла

jwe

играть

bak sab

песочница

balanswa

качели

jwèt

игрушка

jwèt videyo

игровая приставка

bekàn twa wou

трёхколесный велосипед

nounous

плюшевый медвежонок

pandri

шкаф для одежды

rad

одежда

chosèt

носки

ba

чулки

kolan

колготки

foula
шарф

parapli
зонтик

mayo
футболка

sentiwon
ремень

bòt
сапоги

pantouf
тапки

tenis
кроссовки

sapat
сандалии

soulye
ботинки

bòt kawotchou
резиновые сапоги

sou vètman
трусы

soutyen
бюстгальтер

jilè
майка

kò

боди

pantalon

брюки

pantalon jeans

джинсы

jip

юбка

kòsaj

блузка

chemiz

рубашка

jakèt

свитер

jakèt

свитер

vès

спортивная куртка

jakèt

жакет

manto

пальто

padesi

плащ

kostim

костюм

wòb

платье

rad marye

свадебное платье

kostim

мужской костюм

chemiz de nwi

ночная сорочка

pijama

пижама

sari

сари

foula

платок

turban

тюрбан

burqa

паранджа

kaftan

кафтан

abaya

абайя

kostim de ben

купальник

chòt

плавки

bout pantalon

шорты

rad spò

спортивный костюм

tabliye

фартук

gan

перчатки

bouton

пуговица

linèt

очки

braslè

браслет

kolye

цепочка

bag

кольцо

zanno

серьга

kepi

шапка

sèso

вешалка

chapo

шляпа

kravat

галстук

zip

застежка молния

kas

шлем

bretèl

подтяжки

inifòm lekòl la

школьная форма

inifòm

форма

bib

детский нагрудник

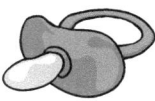

sousèt

соска

kouch sou bebe

подгузник

biwo
офис

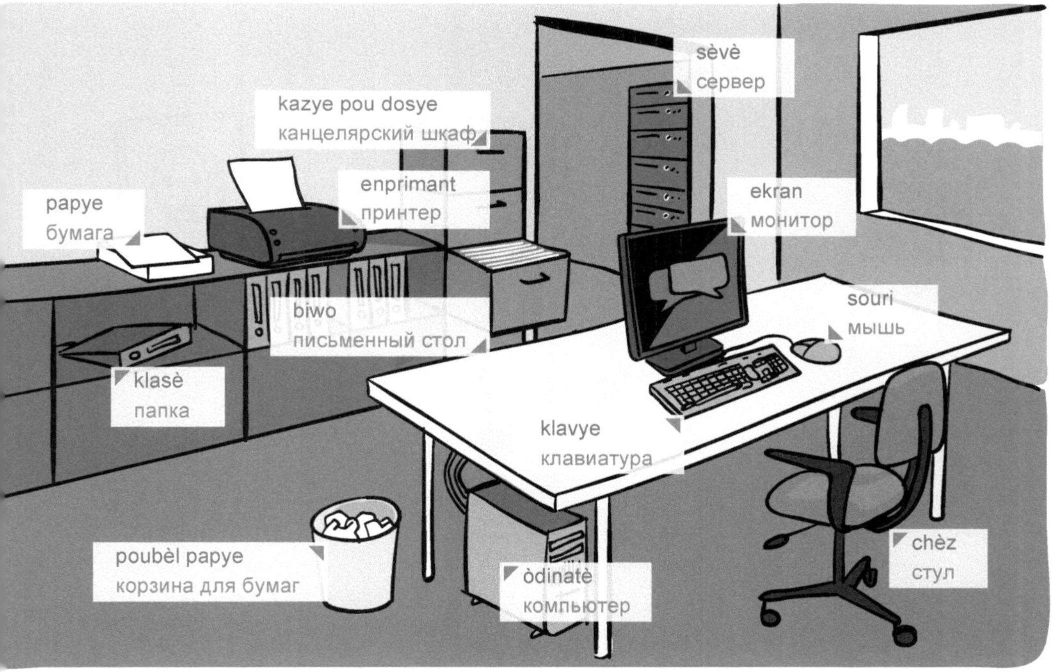

sèvè
сервер

kazye pou dosye
канцелярский шкаф

enprimant
принтер

ekran
монитор

papye
бумага

souri
мышь

biwo
письменный стол

klasè
папка

klavye
клавиатура

poubèl papye
корзина для бумаг

chèz
стул

òdinatè
компьютер

tas kafe

кофейная кружка

kalkilatris

калькулятор

entènèt

интернет

laptop

ноутбук

lèt

письмо

mesaj

сообщение

pòtab

мобильный телефон

rezo

сеть

machin fotokopi

ксерокс

lojisyèl

программа

telefòn

телефон

priz pou ploge

розетка

faks machin

факс

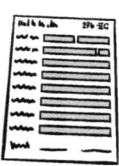

fòm

формуляр

dokiman

документ

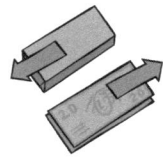

achte

покупать

peye

платить

komès

торговать

lajan an

деньги

 **USD**

dola

доллар

 **EUR**

ewo

евро

 **JPY**

yen

иена

 **RUB**

rouble

рубль

 **CHF**

fran swis

франк

 **CNY**

yuan renminbi

жэньминьби юань

 **INR**

roupi

рупия

distribitè otomatik

банкомат

biwo chanj

пункт обмена валюты

lò

золото

lajan

серебро

gaz

нефть

enèji

энергия

pri

цена

kontra a

договор

taks

налог

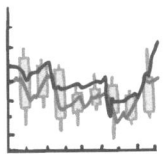

aksyon

акция

travay

работать

anplwaye

служащий

patwon

работодатель

faktori

фабрика

boutik

магазин

ekonomi - экономика

pwofesyon yo
профессии

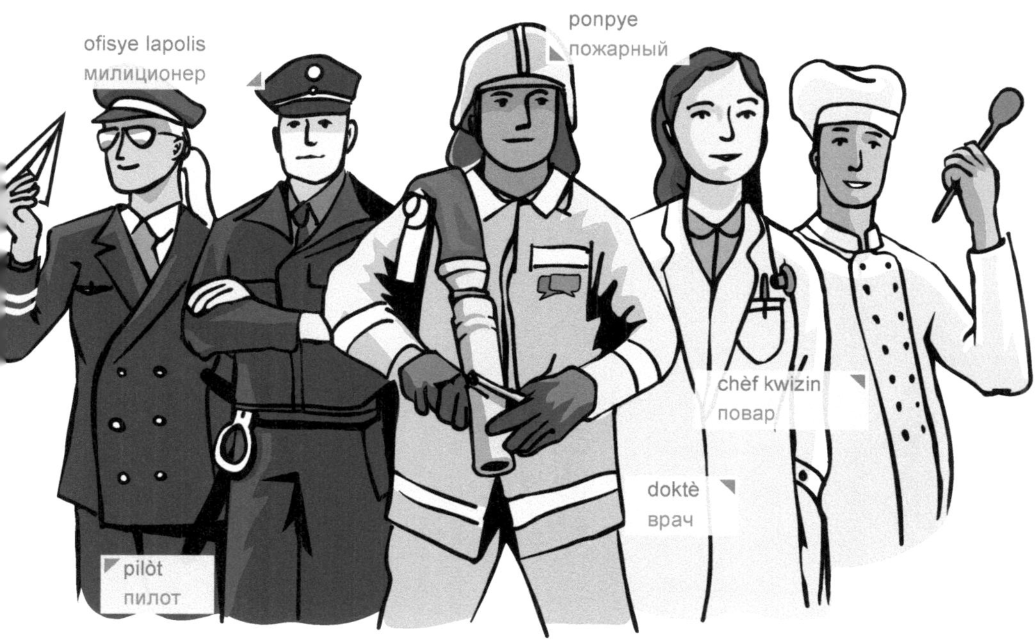
ofisye lapolis
милиционер
ponpye
пожарный
chèf kwizin
повар
doktè
врач
pilòt
пилот

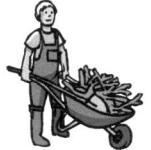

jadinye
садовник

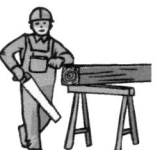

bòs chapant
столяр

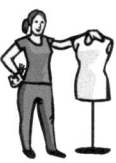

koutirye
швея

jij
судья

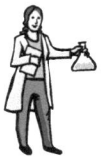

famasyen
химик

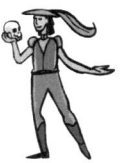

aktè
актёр

chofè otobis

водитель автобуса

chofè taksi

таксист

pechè

рыбак

dam responsab netwayaj

уборщица

bòs ki ranje twati

кровельщик

sèvè

официант

chasè

охотник

pent la

художник

boulanje

пекарь

elektrisyen

электрик

ouvriye

строитель

enjenyè

инженер

bouche

мясник

plonbye

сантехник

faktè

почтальон

sòlda

солдат

achitèk

архитектор

kesye

кассир

machann flè

флорист

kwafè

парикмахер

kontwolè

кондуктор

mekanisyen

механик

kapitèn

капитан

dantis

зубной врач

syantifik

ученый

raben

раввин

imam

имам

mwàn

монах

prèt

священник

zouti yo
инструменты

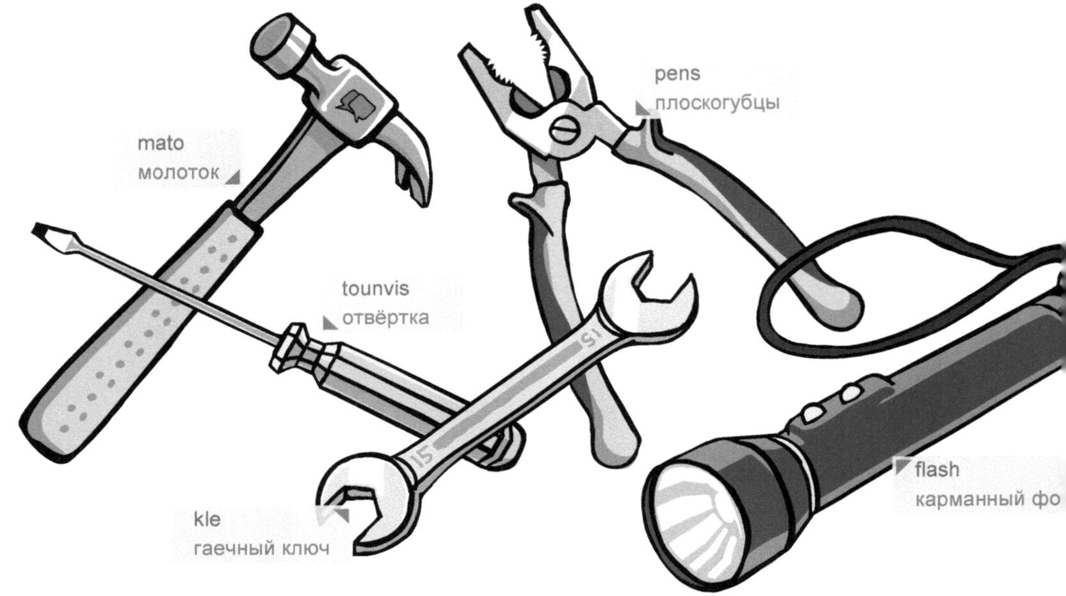

mato
молоток
pens
плоскогубцы
tounvis
отвёртка
kle
гаечный ключ
flash
карманный фо

pèl ekskavatris

экскаватор

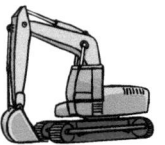

bwat zouti

ящик для инструментов

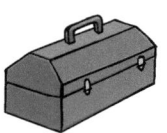

echèl

стремянка

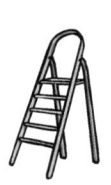

siyameto

пила

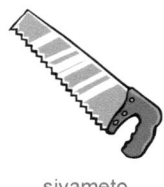

klou

гвозди

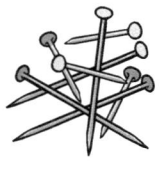

dril

дрель

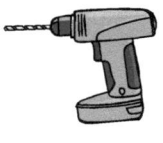

repare

ремонтировать

pèl

лопата

Kèt!

Блин!

ramaswa

совок

bokit penti a

ведро с краской

vis yo

винты

enstriman mizik yo

музыкальные инструменты

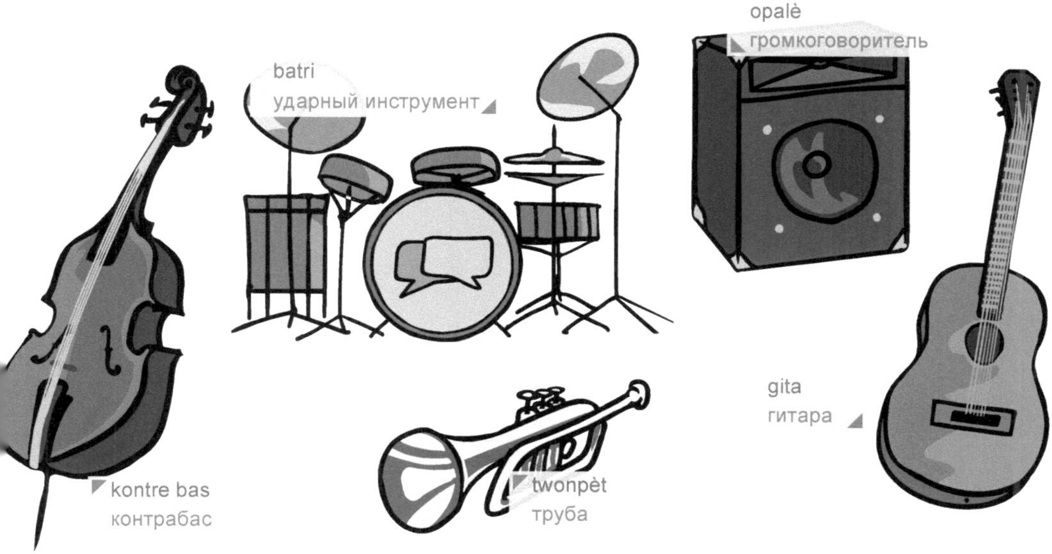

opalè
громкоговоритель

batri
ударный инструмент

gita
гитара

kontre bas
контрабас

twonpèt
труба

pyano

пианино

violon

скрипка

bas

бас-гитара

tenbal

литавры

tanbou

барабан

pyano elektrik

синтезатор

saksofòn

саксофон

flit

флейта

mikwofòn la

микрофон

ZOO
зоопарк

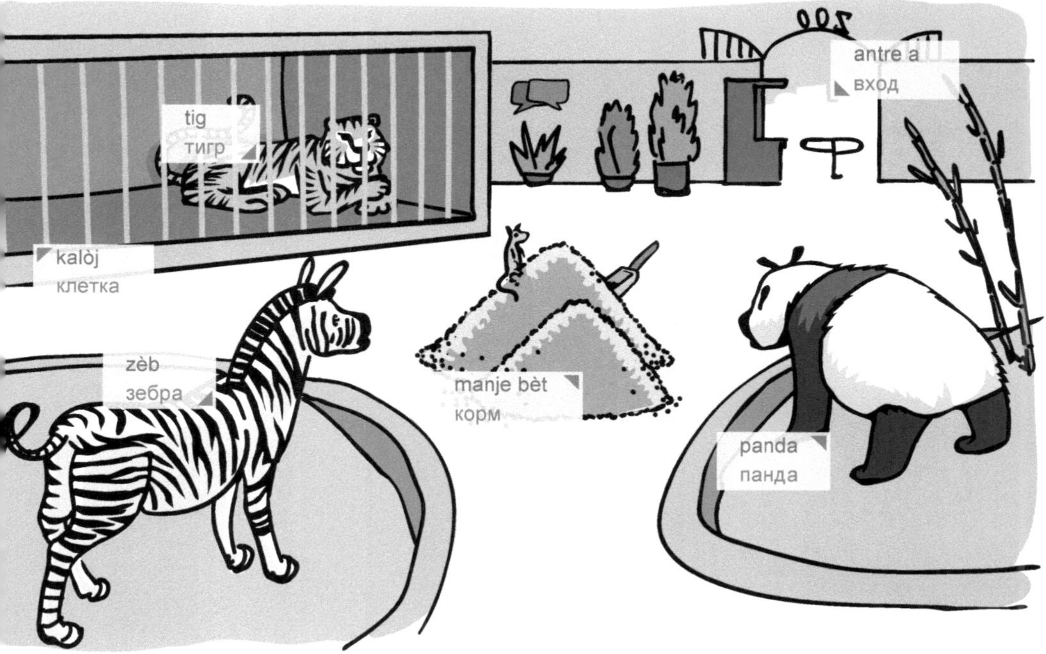
antre a
вход
tig
тигр
kalòj
клетка
zèb
зебра
manje bèt
корм
panda
панда

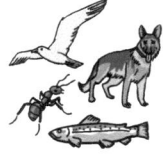

bèt yo
....
животные

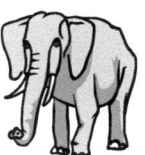

elefan
....
слон

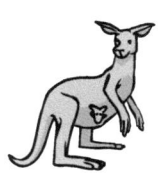

kangouwou
....
кенгуру

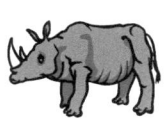

rinoseròs
....
носорог

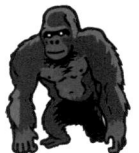

goril
....
горилла

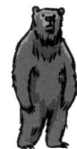

lous
....
медведь

chamo

верблюд

otrich

страус

lyon

лев

makak

обезьяна

flaman woz

фламинго

jako

попугай

lous polè

белый медведь

pengwen

пингвин

reken

акула

pan

павлин

koulèv

змея

kwokodil

крокодил

gadyen zou

служитель зоопарка

fòk

тюлень

jaguar

ягуар

zoo - зоопарк

pone

пони

leyopa a

леопард

ipopotam la

бегемот

jiraf

жираф

malfini

орёл

sangliye

кабан

pwason

рыба

tòti

черепаха

mòs

морж

rena

лиса

gazèl la

газель

foutbòl ameriken
американский футбол

siklism
езда на велосипеде

tenis
теннис

baskètbòl
баскетбол

naj
плавание

bòks
бокс

hockey sou glas
хоккей

foutbòl
футбол

badminton
бадминтон

atletism
лёгкая атлетика

handball
гандбол

ski
лыжный спорт

polo
поло

sote
прыгать

ri
смеяться

bo
обнимать

mache
идти

chante
петь

rèv
мечтать

priye
молиться

bo
целовать

ekri
писать

desine
рисовать

montre
показывать

pouse
нажимать

bay
давать

pran
брать

genyen

иметь

fè

делать

vèb èt

быть

leve kanpe

стоять

kouri

бежать

rale

тянуть

voye

бросать

tonbe

падать

kouche

лежать

atann

ждать

pote

носить

chita

сидеть

abiye

надевать

dòmi

спать

reveye

просыпаться

gade

рассматривать

kriye

плакать

karese

гладить

peny

причесывать

pale

говорить

konprann

понимать

mande

спрашивать

koute

слушать

bwè

пить

manje

кушать

ranje

наводить порядок

renmen

любить

kwit manje

готовить

kondwi

ехать

vole

летать

navige

ходить под парусом

kalkile

считать

li

читать

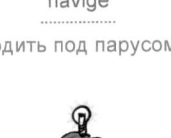

aprann

учиться

travay

работать

marye

вступать в брак

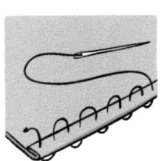

koud

шить

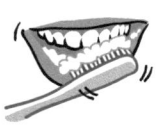

bwose dan

чистить зубы

touye

убивать

fimen

курить

voye

отправлять

aktivite yo - действия

grann
бабушка

granpapa
дедушка

papa
папа

manman
мама

bebe
младенец

pitit fi
дочь

pitit gason
сын

envite

гость

matant

тетя

tonton

дядя

frè

брат

sè

сестра

kò

тело

fwon
лоб
zye
глаз
zepòl
плечо
dwèt
палец
figi
лицо
manton
подбородок
men
кисть
janm
нога
tete
грудь
bra
рука

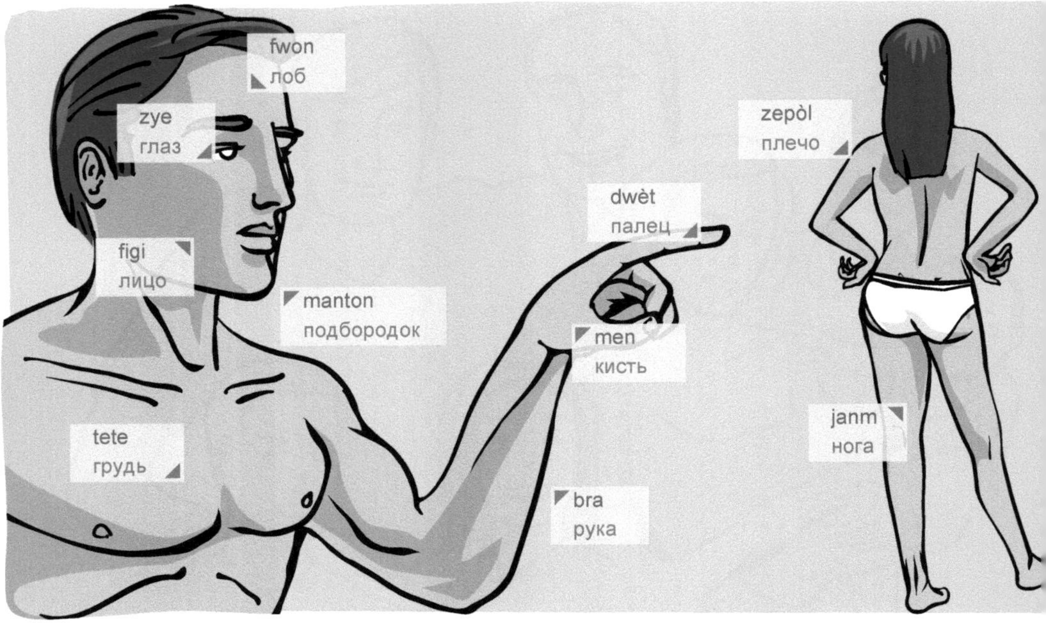

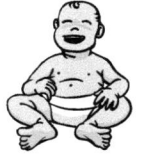

bebe

младенец

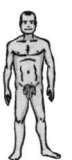

moun

мужчина

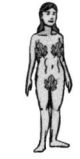

fi

женщина

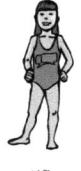

tifi

девочка

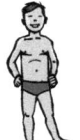

gason

мальчик

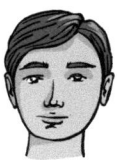

tèt

голова

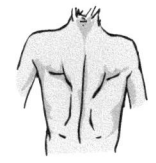

do

спина

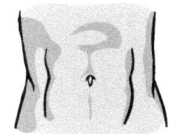

vant

живот

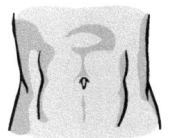

lombrit

пупок

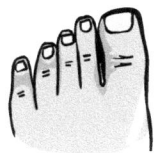

zòtèy

палец ноги

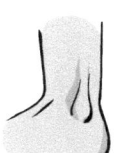

talon pye

пятка

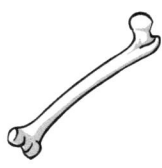

zo

кость

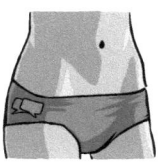

anch

бедро

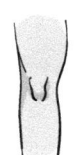

jenou

колено

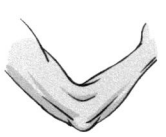

koud

локоть

nen

нос

dèyè

ягодицы

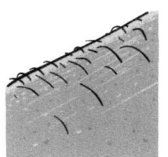

po

кожа

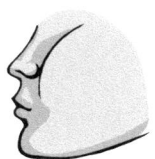

machwè

щека

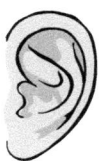

zòrèy

ухо

lèv

губа

kò - тело

bouch

рот

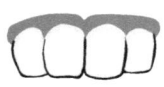

dan

зуб

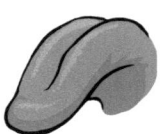

lang

язык

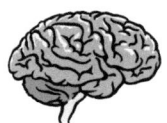

sèvo

мозг

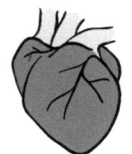

kè

сердце

misk

мышца

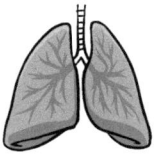

poumon

лёгкое

fwa

печень

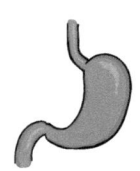

lestomak

желудок

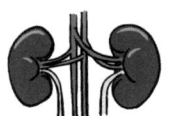

ren

почки

sèks

половой акт

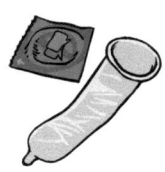

kapòt

презерватив

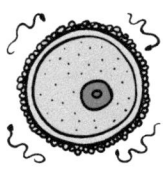

ovil

яйцеклетка

espèm

сперма

gwosès

беременность

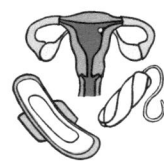

règ

менструация

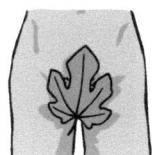

vajen

вагина

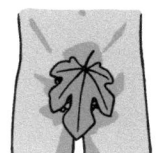

peni

пенис

sousi

бровь

cheve

волосы

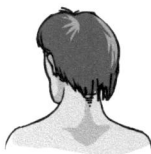

kou

шея

lopital
больница

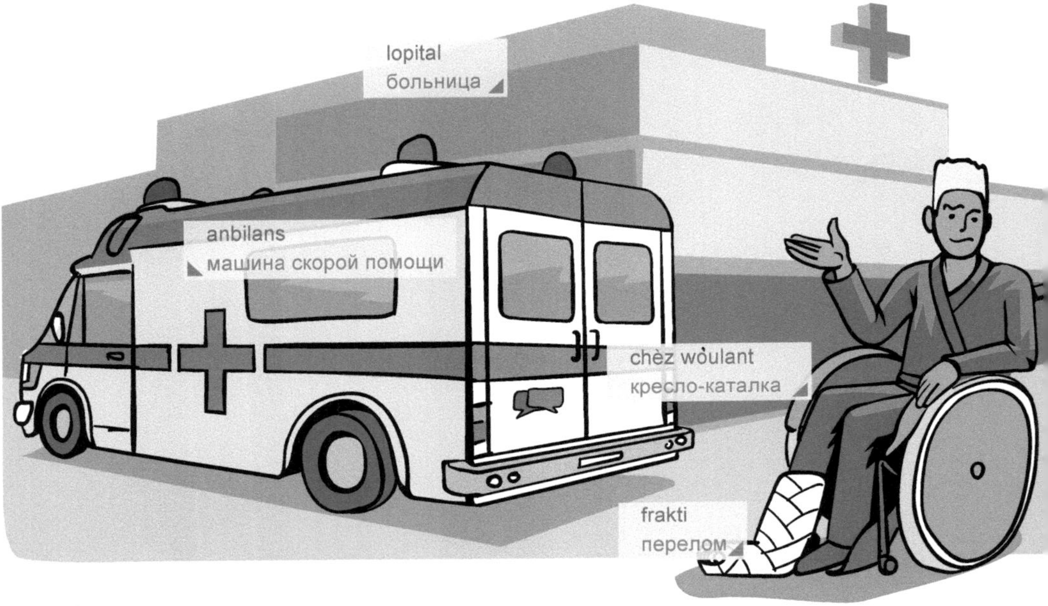

lopital
больница
anbilans
машина скорой помощи
chèz wòulant
кресло-каталка
frakti
перелом

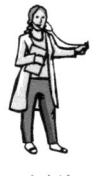

doktè

врач

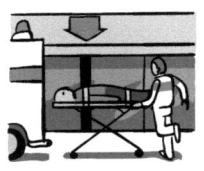

sal ijans

пункт первой помощи

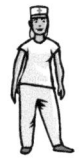

enfimyè

медсестра

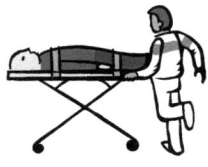

ijans

неотложный случай

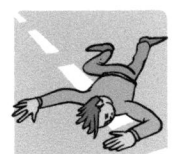

san konesans

без сознания

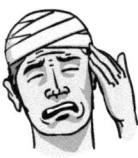

doulè

боль

aksidan

повреждение

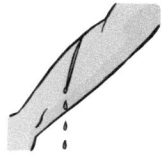

senyen

кровотечение

kriz kadyak

инфаркт

estwòk

инсульт

alèji

аллергия

tous

кашель

lafyèv

повышенная температура

grip

грипп

dyare

понос

maltèt

головная боль

kansè

рак

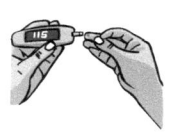

dyabèt

диабет

chirijyen

хирург

bistouri

скальпель

operasyon

операция

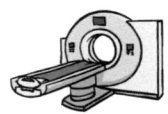

CT

КТ

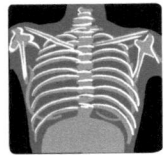

radyografi

рентген

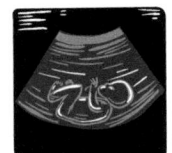

ekografi

ультразвук

mask figi

маска

maladi

болезнь

sal datant

приёмная

beki

костыль

plat

пластырь

pansman

бинт

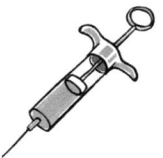

enjeksyon

укол

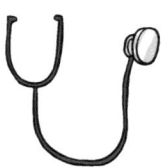

stetoskop

стетоскоп

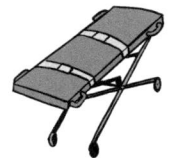

branka

носилки

tèmomèt klinik

термометр

nesans

рождение

ki twò gwo

избыточный вес

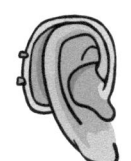

aparèy pou ede tande

слуховой аппарат

dezenfektan

дезинфекционное
средство

enfeksyon

инфекция

viris

вирус

VIH / SIDA

ВИЧ / СПИД

medikaman

лекарство

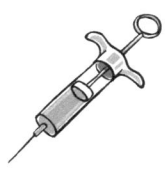

vaksinasyon

прививка

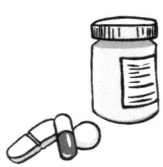

konpime yo

таблетки

konprime

противозачаточная
таблетка

apèl ijans

экстренный вызов

kontwole san presyon

прибор для измерения
кровяного давления

malad / an sante

больной / здоровый

Sekou!

Помогите!

alam

сигнал тревоги

atak

нападение

atak

атака

danje

опасность

sòti dijans

запасной выход

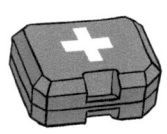

Dife!

Пожар!

ekstenktè

огнетушитель

aksidan

несчастный случай

kit premye swen

аптечка

SOS

SOS

lapolis

милиция

Ewòp

Европа

Amerik di Nò

Северная Америка

Amerik di sid

Южная Америка

Lafrik

Африка

Lazi

Азия

Ostrali

Австралия

Oseyan Atlantik

Атлантический океан

Oseyan Pasifik

Тихий океан

Oseyan Endyen

Индийский океан

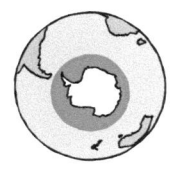

Oseyan Antatik

Антарктический океан

Oseyan aktik

Северный Ледовитый океан

Pol Nò

Северный полюс

Pol Sid

Южный полюс

Antatik

Антарктика

latè

земля

peyi

суша

lanmè

море

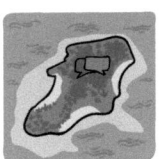

zile

остров

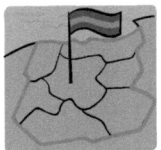

nasyon

нация

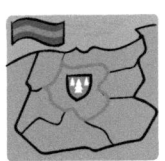

eta

государство

kadran

циферблат

egwi èdtan

часовая стрелка

egwi minit

минутная стрелка

egwi segond

секундная стрелка

Kilè li ye ?

Который час?

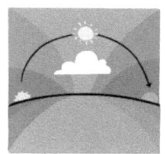

jou

день

tan

время

kounye a

сейчас

mont dijital

электронные часы

minit

минута

lè

час

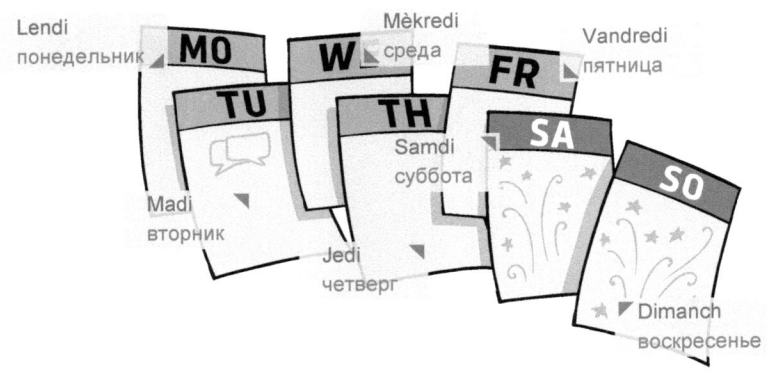

Lendi
понедельник

Madi
вторник

Mèkredi
среда

Jedi
четверг

Samdi
суббота

Vandredi
пятница

Dimanch
воскресенье

yè

вчера

jodi

сегодня

demen

завтра

maten

утро

midi

полдень

aswè a

вечер

MO	TU	WE	TH	FR	SA	SU
1	2	3	4	5	6	7
8	9	10	11	12	13	14
15	16	17	18	19	20	21
22	23	24	25	26	27	28
29	30	31	1	2	3	4

jou travay yo

рабочие дни

MO	TU	WE	TH	FR	SA	SU
1	2	3	4	5	6	7
8	9	10	11	12	13	14
15	16	17	18	19	20	21
22	23	24	25	26	27	28
29	30	31	1	2	3	4

wikenn

выходные

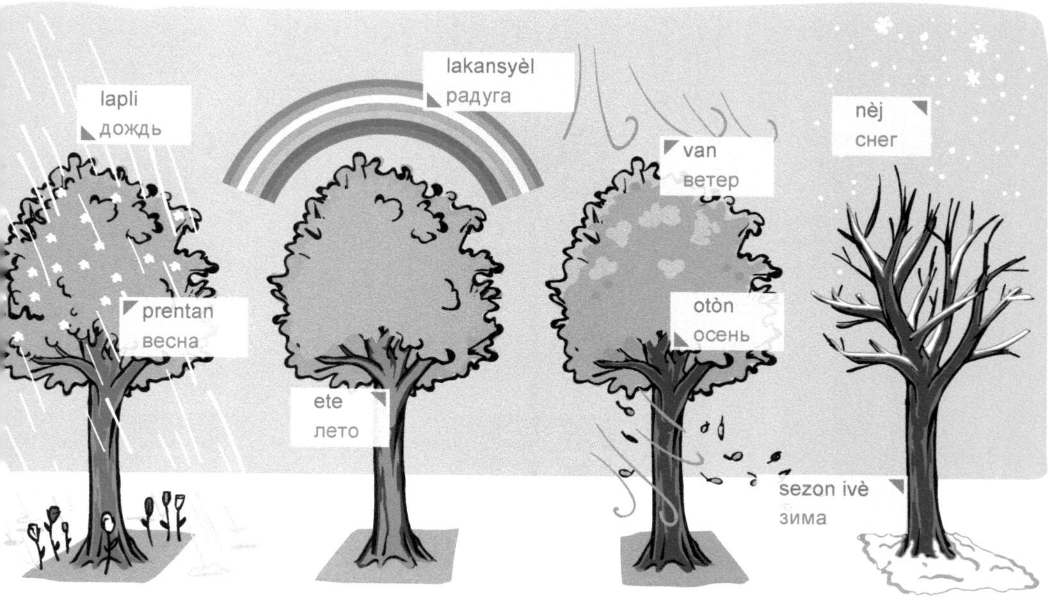

lakansyèl
радуга

lapli
дождь

van
ветер

nèj
снег

prentan
весна

otòn
осень

ete
лето

sezon ivè
зима

4.APRIL	11°	☀
5.APRIL	4°	☁
6.APRIL	13°	☂
7.APRIL	8°	❄
8.APRIL	10°	☀

move tan

прогноз погоды

tèmomèt

термометр

limyè solèy la

солнечный свет

nyaj

туча

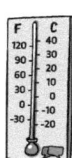

bwouya

туман

imidite

влажность воздуха

zeklè

молния

loraj

гром

tanpèt

буря

lagrèl

град

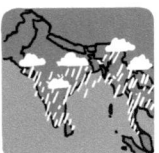

mouson

муссон

inondasyon

наводнение

glas

лёд

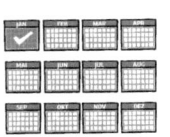

Janvye

январь

Fevriye

февраль

Mas

март

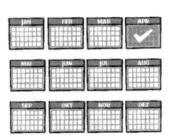

Avril

апрель

Me

май

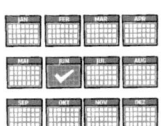

Jen

июнь

Jiyè

июль

Daout

август

Septanm
....
сентябрь

Oktòb
....
октябрь

Novanm
....
ноябрь

Desanm
....
декабрь

fòm yo
формы

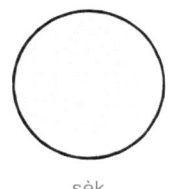

sèk
....
круг

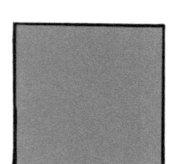

kare
....
квадрат

rektang
....
прямоугольник

triyang
....
треугольник

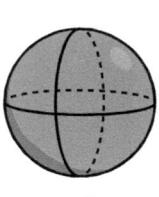

esfè
....
шар

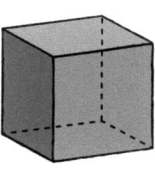

kib
....
куб

blan

белый

jòn

желтый

oranj

оранжевый

woz

розовый

wouj

красный

vyolè

лиловый

ble

синий

vèt

зелёный

mawon

коричневый

gri

серый

nwa

черный

anpil / on ti kras

много / мало

fache / kalm

яростный / мирный

bèl / lèd

красивый / уродливый

kòmansman / lafen

начало / конец

gwo / piti

большой / маленький

klè / fonse

светлый / темный

frè / sè

брат / сестра

pwòp / sal

чистый / грязный

konplè / enkonplè

полный / неполный

lajounen / lanwit

день / ночь

mouri / vivan

мёртвый / живой

laj / etwat

широкий / узкий

yo ka manje / yo paka manje

съедобный / несъедобный

mechan / jantiy

злой / дружелюбный

kè kontan / raz

взволнованный / скучающий

gra / mèg

толстый / худой

premye / dènye

сначала / в конце

zanmi / lènmi

друг / враг

plen / vid

полный / пустой

di / mou

твёрдый / мягкий

lou / lejè

тяжёлый / легкий

grangou / swaf

голод / жажда

malad / an sante

больной / здоровый

ilegal / legal

незаконный / законный

entèlijan / estipid

умный / глупый

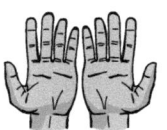

gòch / dwat

слева / справа

tou pre / lwen

близко / далеко

tou nèf / sèvi deja

новый / подержанный

anyen / kèkchoz

ничто / нечто

vye / jenn

старый / молодой

limen / etèn

включено / выключено

louvri / fèmen

открыто / закрыто

silans / fè bri

тихо / громко

rich / pòv

богатый / бедный

kòrèk / enkòrèk

правильный /
неправильный

ki graj / ki lis

шероховатый / гладкий

tris / kontan

ечальный / счастливый

kout / long

короткий / длинный

ralanti / vit

медленный / быстрый

mouye / sèk

мокрый / сухой

cho / frèt

тёплый / прохладный

lagè / lapè

война / мир

0

zewo

ноль

1

youn

один

2

de

два

3

twa

три

4

kat

четыре

5

senk

пять

6

sis

шесть

7

sèt

семь

8

uit

восемь

9

nèf

девять

10

dis

десять

11

onz

одиннадцать

12

douz

двенадцать

13

trèz

тринадцать

14

katòz

четырнадцать

15

kenz

пятнадцать

16

sèz

шестнадцать

17

disèt

семнадцать

18

dizwit

восемнадцать

19

diznèf

девятнадцать

20

ven

двадцать

100

san

сто

1.000

mil

тысяча

1.000.000

milyon

миллион

Anglè

английский

Anglè Ameriken

американский английский

Chinwa Mandaren

мандаринский китайский

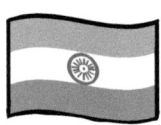

Hindi

хинди

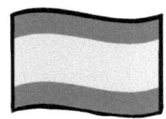

Panyòl

испанский

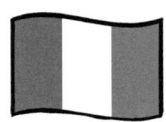

Franse

французский

Arab

арабский

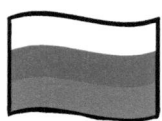

Ris

русский

Pòtigè

португальский

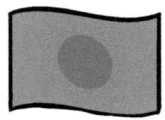

Bengali

бенгальский

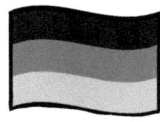

Alman

немецкий

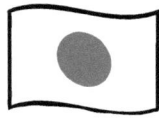

Japonè

японский

Mwen

я

ou

ты

li

он / она / оно

nou

мы

nou/ ou

вы

yo

они

kiyès?

кто?

kisa?

что?

kijan?

как?

kibò?

где?

kilè?

когда?

non

имя

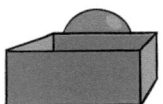

dèyè

за

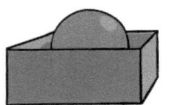

nan

в

devan

перед

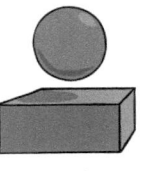

sou tèt

над

sou

на

anba

под

bò kote

рядом

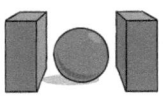

nan mitan

между

kote

место